DE

LA PROSPÉRITÉ PUBLIQUE

SES CAUSES ET SES EFFETS

PARIS

IMPRIMERIE DE L. TINTERLIN ET Cᵉ

Rue Neuve-des Bons Enfants, 3.

DE

LA PROSPÉRITÉ

PUBLIQUE

SES CAUSES ET SES EFFETS

PAR CH. BAILLY

« Le renchérissement de toute chose est la
conséquence inévitable d'une prospérité croissante. »
*(Discours de l'Empereur à l'ouverture de
la session de 1861.)*

PARIS

E. DENTU, LIBRAIRE-ÉDITEUR

GALERIE D'ORLÉANS, 13 ET 17, PALAIS-ROYAL

1861

DE

LA PROSPÉRITÉ PUBLIQUE

SES CAUSES ET SES EFFETS

Dans un précédent travail (1), nous avons cherché à démontrer que le développement de la richesse publique, ou de la prospérité commerciale et industrielle d'un pays, n'est pas toujours une cause de bien-être pour *tous* les habitants de ce pays, en ce sens que le bon marché, loin d'en être la conséquence, devient alors bien plus difficile, sinon impossible.

Nous avons dit que certaines classes ne profitent pas des avantages inhérents au mouvement ascensionnel qui s'opère autour d'elles ; que, par exemple, « les employés et les ouvriers, tous ceux, en un mot, qui ont à vivre d'un revenu fixe, » se trouvant, faute de capitaux, dans l'impossibilité de prendre part à ce qu'on appelle *les affaires*, voient leur position décroître par cela seul qu'elle reste presque stationnaire, tandis que celle des autres s'élève. Nous en tirions cette conséquence que les nouvelles mesures économiques, en développant encore le mouvement commercial, devaient amener un résultat opposé à celui que l'on avait eu en vue, c'est-à-dire le bon marché.

Mais en combattant ainsi des idées qui nous paraissaient généralement admises quant aux effets de l'extension commerciale et industrielle, avons-nous voulu établir que cette extension et le développement des transactions de toute sorte qui en est la conséquence ne soient pas désirables ? Notre préférence serait-elle acquise à l'ordre de choses opposé ? Nullement. Notre intention n'a été, comme nous le disions, que de prémunir contre leurs illusions « ceux qui auraient été tentés d'espérer au delà du possible. » Nous avons

_____

(1) *Un Mot sur la Vie à bon marché*, Paris, E. Dentu, mai 1860.

voulu surtout, en montrant le mal, en indiquer le seul remède praticable selon nous, et appeler sur ce sujet l'attention des véritables philanthropes et de tous ceux auxquels leur situation, à divers titres, fait une loi de s'en occuper (1).

L'Empereur, dans une occasion solennelle (2), a constaté récemment cette vérité : « *Le renchérissement de toute chose*, a-t-il dit, *est la conséquence inévitable d'une prospérité croissante.* »

Après ces paroles venues de si haut, nous ne pouvons qu'être confiants dans l'avenir ; car nous ne devons pas douter que la main puissante qui a su sonder la plaie n'applique bientôt le baume qui peut seul en apaiser les douleurs.

Nous croyons donc fermement qu'avec le temps ce but sera atteint, par l'amélioration apportée dans les positions de *ceux qui souffrent aujourd'hui de ce qui constitue la prospérité des autres.*

Ainsi nous pensons que, par la diminution intelligente du nombre des emplois, il sera possible de mieux rétribuer les fonctions conservées et reconnues nécessaires. Le taux des pensions allouées aux anciens serviteurs de l'État pourra être augmenté plus facilement lorsque le nombre des emplois aura été considérablement réduit (3). En même temps que la prospérité publique se développe, le *travail producteur* doit nécessairement se développer aussi. Les ouvriers, malgré le perfectionnement apporté aux machines et l'application des nouveaux procédés mécaniques à l'industrie, à l'industrie agricole surtout, verront élever leurs salaires dans une proportion sensible, ou s'accroître les bénéfices auxquels les chefs d'établissement les admettront sans doute à participer après un certain nombre d'années de service. C'est ce qui existe déjà sur quelques points aujourd'hui (4).

Nous venons de prononcer le mot de *producteur*, et ce mot, ainsi que celui de *consommateur*, devant se trouver fréquemment dans les questions que nous examinons, il nous paraît indispensable de définir dès à présent ce que nous entendons par *production* et *consommation.* Les définitions données à cet égard par la plupart des écoles modernes tendent à jeter dans cette matière une confusion qui n'est

(1) Nous sommes heureux d'avoir vu toutes nos idées à cet égard développées avec talent dans un article de *la Revue nationale*, du 10 février 1861, sous la signature de M. E. Levasseur.

(2) Discours du trône, *Moniteur* du 5 février 1861.

(3) Cette réduction présentera, en outre, l'avantage d'accroître le nombre des *producteurs proprement dits.*

(4) C'est même un des stimulants à la fois les plus sûrs et les plus justes. Un double intérêt guide alors l'ouvrier : d'abord celui de son salaire fixe, et ensuite le bénéfice, naturellement aléatoire, dont la proportion dépend, jusqu'à un certain point, de l'économie générale qu'il apportera dans les diverses fonctions qui lui seront confiées.

pas sans inconvénient. Si cette distinction n'était pas établie, il serait difficile d'exposer sa pensée sans avoir recours à des circonlocutions : il en résulterait une obscurité, ou tout au moins un défaut de clarté dans l'étude de ces questions abstraites sur lesquelles, malgré tous ses efforts, on ne parvient pas toujours à jeter une assez vive lumière pour les rendre facilement perceptibles à tous.

Par le mot *production*, nous voulons parler de la généralité des forces créatrices ou productrices d'un pays : agriculture, industrie, exploitation de produits naturels ou autres de toute sorte dont la plus grande partie ést destinée à faire l'objet de ventes ou d'opérations de commerce.

La *consommation*, dans le sens où nous employons ce mot, comprend tout ce qui sert à l'alimentation, tout ce qui est mis en œuvre dans l'industrie, et généralement tout ce qui est acheté, soit pour être revendu, soit pour être utilisé ou consommé dans le même état ou après avoir reçu un perfectionnement, éprouvé une transformation quelconque.

Sans doute, le producteur est *toujours* consommateur, et le consommateur est *souvent* aussi producteur; mais une distinction ne nous en paraît pas moins devoir être faite entre l'une et l'autre catégorie, quoique les liens qui les unissent soient tellement serrés qu'on n'aperçoit pas toujours aisément les points où la séparation existe ou peut avoir lieu.

Ainsi, pour nous, il n'y a, entre les consommateurs et les producteurs, ni cet antagonisme plus apparent que réel que l'on a souvent signalé, ni ce rapprochement intime qui tendrait en quelque sorte à en faire une seule classe; mais ils exercent les uns sur les autres une action réciproque.

Pour rentrer dans notre sujet, en d'autres termes pour démontrer aussi complétement que possible que l'extension de la prospérité publique doit être considérée comme un fait désirable, nous ferons remarquer qu'il existe entre tous les pays une sorte d'obligation à marcher, sinon tout à fait sur la même ligne, du moins à peu de distance les uns des autres dans la voie du progrès. Rester en arrière du mouvement ce serait, pour une nation, signer sa déchéance.

Avant tout, il faut faire ici une distinction : on confond souvent, selon nous, le *bon marché* avec le *bien-être* proprement dit.

Il n'y a ni bon marché ni cherté absolue. Il est certain que si le niveau des facultés s'élevait dans un rapport exact avec la marche ascendante du commerce et de l'industrie, il n'y aurait pas de renchérissement.

Ces expressions n'ont donc qu'un sens relatif. Lorsqu'on les emploie, ou l'on a en vue une comparaison entre le présent et le passé, ou l'on se préoccupe de la position de ceux qui ne profitent pas au même degré que les autres de ce développement. D'ailleurs, le bon marché peut exister dans un pays sans qu'on ait la possibilité de s'y procurer toutes les jouissances qu'on trouvera dans un autre où la vie sera beaucoup plus chère, et où, souvent, le bien-être sera plus répandu. Mais le développement commercial ayant pour conséquence d'amener une foule de produits dans le pays où il a lieu, et ce résultat devant profiter successivement au plus grand nombre, il est évident que tout doit tendre à provoquer les mesures propres à l'augmenter (1).

Le tableau ci-dessous fera voir, au surplus, l'influence de la prospérité publique sur l'élévation des prix. Il présente, pour l'ensemble de nos échanges annuels avec l'étranger, la comparaison des valeurs dites *officielles* et des valeurs *actuelles*. Les premières sont celles qui ont été fixées en 1826 et qui, depuis lors, n'ont pas changé; les secondes sont déterminées chaque année par une commission spéciale établie à cet effet.

Importations et exportations réunies

COMMERCE SPÉCIAL

ANNÉES	VALEURS OFFICIELLES	VALEURS ACTUELLES	COMPARAISON des valeurs actuelles avec les valeurs officielles. Proportion 0/0	
			EN PLUS	EN MOINS
	Millions	Millions		
1847	1.867.0	1.675.7	—	10
1848	1.390.3	1.164.3	—	16
1849	1.812.0	1.662.0	—	8
1850	1.904.4	1.858.8	—	2
1851	2.019.8	1.923.2	—	4 1/2
1852	2.219.3	2.246.3	1	—
1853	2.466.7	2.738.0	11	—
1854	2.419.1	2.705.3	11 1/2	—
1855	2.807.6	3.152.0	12	—
1856	3.147.9	3.882.8	23	—
1857	3.090.3	3.738.7	20	—
1858	3.161.2	3.450.1	9	—
1859	3.402.0	3.907.1	14 1/2	—

(1) Mais il n'en est pas moins vrai que la possession, la jouissance de ces produits est toujours subordonnée à la *possibilité matérielle* de les acheter.

On voit par ce tableau que, pendant les années 1847, 1848, 1849, 1850 et 1851 qui, si l'on en excepte la première, ne sauraient être considérées comme des années de prospérité, l'ensemble des prix s'était abaissé ; tandis que depuis 1852 il en a sans cesse été autrement, et cela en présence d'un développement énorme de transactions internationales.

Le renchérissement s'est ainsi produit en même temps qu'une des grandes causes de prospérité publique.

Un autre tableau, que nous croyons devoir joindre à celui-là, indique, par nature de produits, distinctement à l'importation et à l'exportation, ceux que le renchérissement a surtout atteints.

COMMERCE SPÉCIAL.

ANNÉES	Importations						Exportations			
	MATIÈRES nécessaires à l'industrie		OBJETS de consommation naturels		OBJETS de consommation fabriqués		PRODUITS naturels		OBJETS manufacturés	
	valeurs officielles	valeurs actuelles	valeurs officielles	valeurs actuelles	valeurs officielles	valeurs actuelles	valeurs officielles	valeurs actuelles	valeurs officielles	valeurs actuelles
1847	547.5	542.5	379.1	364.4	49.3	49.0	191.7	191.0	699.4	528.8
1848	374.1	329.7	158.5	123.0	24.0	21.6	236.3	234.4	597.4	455.6
1849	595.1	554.7	150.6	140.6	33.1	28.8	297.5	291.5	734.7	646.4
1850	601.9	618.5	136 5	131.4	42.4	40.8	324.5	321.9	799.1	746.2
1851	595.9	595.0	144.3	128.9	41.1	41 2	386 4	390.9	852.1	767.2
1852	765.4	777.1	169.8	160.7	51.3	51.6	361.4	417.2	871.9	839.7
1853	749.3	838.8	292.2	301.0	62.0	63.3	344.7	509.4	1.018.5	1.032.5
1854	769.7	791.0	346.7	449.5	50.6	51.1	280.3	479.5	980.8	934.4
1855	925.4	1.032.1	358.7	486.1	81.8	75.9	287.0	477.8	1.154.7	1.080.1
1856	964.0	1.202.6	474.7	703.0	62.3	84.2	338.0	604.8	1.288.9	1.288.2
1857	942.8	1.212.8	437.6	589.2	69.7	70.9	341.6	568.2	1.298.6	1.297.6
1858	976.7	1.143.6	343.3	356.8	63.7	62.4	537.5	725.9	1.240.0	1.161.4
1859	1.000.9	1.205.5	340.1	373.6	63.0	61.6	577.4	863.5	1.420.6	1.402.9

L'examen des divers chiffres dont se compose ce tableau fait ressortir deux conséquences importantes pour la thèse que nous soutenons. La première, c'est que ce sont moins les objets de consommation *fabriqués* extraits de l'étranger que les matières premières ou les objets *naturels* de consommation de cette provenance, qui ont renchéri. La seconde, c'est que, à l'exportation, le renchérissement porte *exclusivement* sur les *produits naturels*,

Le bon marché a donc disparu.

Mais la prospérité publique, qui n'a pas cessé de s'accroître, comme le constatent les chiffres ci-dessus, a, comme toute chose, ses causes et ses effets.

Les principales de ces causes sont : 1º le développement du commerce et de l'industrie, en d'autres termes de la production et de la consommation ; et 2º l'augmentation du numéraire circulant.

Les effets de cette prospérité sont, en général, avantageux, parce qu'il en résulte pour la plus grande partie des populations un accroissement de bien-être ; mais l'augmentation et la circulation plus active du numéraire que produit la multiplicité des transactions de toute sorte, internationales ou autres, tendent *inévitablement* à exhausser de plus en plus le prix des objets même de première nécessité, et, dès lors, à rendre le bon marché impossible.

Il est donc bien entendu que, pour nous, la *vie à bon marché* ne peut se concilier avec la *prospérité publique;* mais que celle-ci étant d'une importance majeure pour l'État, qui se compose, en définitive, de la réunion des intérêts généraux, doit être développée par tous les moyens dont l'État dispose.

C'est à prouver ces différentes prémisses que nous allons consacrer les pages suivantes.

I

L'abondance de la production développe la consommation d'abord, les échanges internationaux ensuite.

§ 1. La consommation est la cause principale de la circulation du numéraire : elle en augmente fictivement la masse dans une proportion d'autant plus considérable qu'elle-même acquiert plus d'extension.

Nous devons discuter ici une objection qu'on a élevée dans ces derniers temps. On a dit que la masse du numéraire circulant est encore insuffisante ; qu'elle n'est pas en rapport avec le nombre et l'importance des affaires commerciales ou industrielles. Ce dernier fait peut exister et existe sans doute quelquefois ; mais s'ensuit-il que l'insuffisance du numéraire circulant soit démontrée? Nullement. Il ne prouve qu'une chose, c'est l'exagération des spéculations. En effet, si, par exemple, le numéraire était de 1 alors que le chiffre total des affaires entreprises s'élevait à 4 ou à 5, il est aujourd'hui de 2 tandis que celui des affaires s'est élevé, non pas seulement à 8 ou à 10, mais bien à 15 et peut-être à 20. Par suite, à ce point de vue, l'insuffisance relative du numéraire ou plutôt l'accroissement exagéré des transactions, doit présenter de sérieux inconvénients, des dangers même, et l'expérience des dernières années ne le prouve que trop !

On comprend, d'ailleurs, que quelle que soit l'augmentation du numéraire en circulation, les opérations commerciales ou industrielles pouvant toujours, grâce au crédit, se développer dans une proportion beaucoup plus grande, ce numéraire deviendra encore ou continuera d'être insuffisant.

Mais il n'en est pas moins vrai que la quantité en a considérablement augmenté depuis quelques années, et que, *dans des conditions normales*, l'exportation du numéraire ne produit plus les effets qu'elle produisait autrefois.

A l'appui de cette opinion, nous citerons un fait qui nous paraît concluant. Avant la découverte des gîtes aurifères de la Californie et de l'Australie, lorsque, par suite de mauvaises récoltes, les céréales manquaient en France et qu'on était obligé d'en extraire beaucoup de l'étranger, le prix de la plupart des marchandises subissait presque aussitôt une baisse sensible. C'est que l'importation des céréales devant être soldée à l'étranger, soit par des marchandises de valeur équivalente, soit par un paiement direct ou indirect (1) de sommes considérables, il se produisait une diminution relativement importante de numéraire en France. Or, depuis la découverte de ces mines, laquelle a énormément augmenté la quantité du numéraire existant en Europe, il n'en est plus ainsi. Les achats de céréales opérés plusieurs fois à l'étranger, depuis quelques années, en quantités souvent très-notables, n'influent plus à beaucoup près autant sur la masse augmentée du numéraire circulant. L'abaissement, ou plutôt le moindre accroissement progressif de celle-ci n'a plus pour effet, comme cela avait lieu autrefois, d'amener la baisse des cours pour d'autres marchandises. A cet égard, les conséquences des achats de céréales étrangères ont été presque insensibles.

(1) Par le mot *indirect*, nous voulons dire que ce n'est pas toujours au pays où s'effectuent les achats que sont expédiées les sommes destinées à les payer. Les paiements n'ont pas toujours lieu en espèces monétaires : le plus souvent même ils s'effectuent au moyen de valeurs diverses, c'est-à-dire soit en marchandises, soit en effets de commerce d'autres pays.

§ 2. Les échanges avec l'étranger ont pour résultat soit de prévenir l'avilissement des prix qu'amènerait un excès de production, soit de subvenir aux besoins de la consommation en faisant arriver dans le pays le complément de ceux des objets qui n'y sont pas en quantité suffisante. Ce mouvement, suivant le côté vers lequel penche la balance entre les importations et les exportations, accroît ou diminue la quantité du numéraire.

II

L'augmentation réelle ou, ce qui en est l'équivalent, une circulation plus active du numéraire, en surexcitant la production, profite à la généralité des populations et même aux classes laborieuses pour lesquelles elle crée de nouveaux éléments de travail. Elle est, en outre, avantageuse à l'État dont, par les divers impôts indirects, les revenus s'élèvent progressivement. Ses revenus augmentant, l'État est plus en mesure de favoriser, à son tour, par les moyens dont il dispose, le développement de la production et de la consommation.

Ainsi, ces divers rouages d'une machine toujours en mouvement agissent et réagissent alternativement les uns sur les autres, par une infinité de manières différentes ; et plus est grande l'activité imprimée à cette machine, plus s'agrandissent aussi la prospérité du pays où elle fonctionne et les moyens d'action de son gouvernement.

L'accroissement de la consommation est surtout à désirer puisque le plus grand nombre doit en profiter ; aussi est-ce vers ce but qu'il faut diriger tous les efforts. Mais quelle est la meilleure manière d'y atteindre ?

Ici s'élève la question de savoir s'il vaut mieux, pour un pays, que les importations soient supérieures aux exportations, ou *vice versá*.

On a beaucoup critiqué, depuis quelques années, les partisans du système appelé autrefois la *balance du commerce*, et qui considéraient comme avantageux au pays tout excédant des sorties sur les entrées. Les économistes modernes donnent, paraît-il, au contraire, presque généralement la préférence au système opposé, sans doute par cette raison que la consommation intérieure doit en recueillir le bénéfice.

Nous pensions que cette opinion reposait sur ce que l'excédant des importations sur les exportations devait, d'après eux, être suivi d'un bon marché relatif. A ce point de vue, la conséquence pouvait paraître juste; non pas que, selon nous, ce bon marché dût être amené *directement par l'excédant d'importation*, mais par le motif surtout que le paiement des marchandises ainsi importées *devant, un jour ou l'autre, se solder en espèces*, il en résulterait *une diminution effective de numéraire* dans le pays qui les aurait reçues. Or nous avons déjà établi que l'élévation du prix des denrées provient, en grande partie, de l'augmentation du numéraire en circulation : tout ce qui en diminuera la masse sera donc un pas vers le bon marché.

Mais si telle a paru être jusque dans ces derniers temps la tendance réelle des partisans du libre échange, en d'autres termes si l'on a cru presque généralement qu'ils poursuivaient l'abaissement des prix, il n'en est plus ainsi actuellement; c'est du moins ce qui ressort de polémiques récentes. Or, du moment que leur but n'est plus, en supposant qu'il l'ait jamais été, d'amener le bon marché, il faut nécessairement admettre qu'ils ont, au moins, en vue le développement de la prospérité publique, c'est-à-dire du bien-être de la majeure partie des populations.

Dans cet ordre d'idées, il nous paraît certain qu'ils agiraient en sens inverse de leurs désirs, s'ils continuaient de donner la préférence à toute mesure propre à développer les importations plutôt que les exportations. Il arriverait en effet, alors, un moment où le pays, dépourvu, par suite d'une décroissance continuelle de numéraire, des moyens de subvenir à ses besoins par des achats à l'étranger, hors d'état d'y suppléer chez lui, la plupart des industries indigènes ayant dû être abandonnées à cause de la concurrence, se trouverait bientôt placé dans un état d'infériorité qui lui deviendrait funeste (1).

---

(1) Nous en avons près de nous un exemple dans le résultat auquel sont arrivés deux peuples, selon l'application différente qu'ils ont faite de la théorie qui nous occupe : ce sont l'Angleterre d'une part, l'Espagne et le Portugal de l'autre.

L'Angleterre a-t-elle favorisé et favorise-t-elle les importations ou les exportations ? Si l'on parcourt les tarifs de cette puissance éminemment pratique, on y trouvera, dans l'ensemble, des droits considérables à l'importation, puisqu'ils produisent annuellement environ 600 millions de francs, tandis qu'en France les droits de douane proprement dits n'atteignent pas actuellement 150 millions ! Les exportations, au contraire, elle les développe de toutes ses forces : ses traités avec toutes les puissances n'ont presque pas d'autre objet. C'est, en effet, la condition absolue de son existence à la tête des nations commerçantes. L'argent qui afflue ainsi chez elle lui a permis, en maintes circonstances, de surmonter les périls de situations critiques. C'est ainsi, on ne l'a pas oublié, qu'elle a pu, dans les premières années de ce siècle, entretenir par des subsides immenses une coalition

Nous sommes de ceux qui n'admettent d'une manière absolue ni l'un ni l'autre système. Nous croyons qu'au point de vue où nous venons de nous placer, celui de la richesse publique, le problème à résoudre est à la fois de beaucoup importer et de beaucoup exporter. Toutefois, si nous nous trouvions dans l'obligation d'opter, nous inclinerions vers le système si décrié aujourd'hui, c'est-à-dire pour que la balance penchât plutôt du côté des exportations.

Au premier aperçu, une contradiction se manifeste, on ne manquera pas de nous l'objecter, entre cette opinion et celle que nous avons exprimée plus haut, à savoir que le renchérissement est la conséquence de l'accroissement du numéraire. On nous dira, sans doute, que, dans l'hypothèse, pour beaucoup exporter, il faut que le prix de vente des objets aux lieux de production soit relativement peu élevé, puisque ce prix, augmenté des frais de transport, doit encore être inférieur, aux lieux de destination, au prix des objets similaires qui s'y trouvent en concurrence. Dès lors, ajoutera-t-on, l'excédant des exportations sur les importations de marchandises devant avoir pour effet d'augmenter de plus en plus le numéraire en circulation, il en résulterait un exhaussement des prix.

Cette prétendue contradiction n'existe pas en réalité. D'abord, la valeur vénale des marchandises n'est pas toujours la cause déterminante de l'importance des exportations. On peut même dire qu'à l'égard des objets manufacturés, le prix n'est souvent, au contraire, qu'une cause très-secondaire. La qualité, le goût, la mode jouent ici le premier rôle. Nous avons fait, d'ailleurs, observer ci-dessus que ce n'est pas sur les objets fabriqués que s'est fait sentir le renchérissement.

Quant aux produits naturels, il en est différemment. On comprend que c'est l'abaissement des prix qui en détermine presque toujours l'expédition à l'étranger. Mais alors cet abaissement de prix, qui indique une abondance de production, est avantageux au pays, de même que l'excédant de fabrications de choix ou de qualité supérieure. Dans l'un comme dans l'autre cas, l'excédant des exportations semble donc préférable (1).

dont le but était l'anéantissement d'un état de choses qui refoulait chez elle ses exportations.

L'Espagne et le Portugal, au contraire, ont, depuis trois siècles, favorisé le mouvement inverse. Cette tendance a été amenée et entretenue chez eux par les métaux précieux qu'ils tiraient, *sans échange*, du Nouveau-Monde. Au lieu d'en employer, au moins, une grande partie à alimenter la production indigène et le travail national, ils ne s'en sont servis que pour faire des achats à l'étranger. Aussi, quelle est aujourd'hui la situation commerciale et industrielle de ces deux peuples ?

(1) La valeur d'un objet à l'exportation est celle qu'a cet objet au moment où il passe à

Sans doute, il faut remarquer que la masse des exportations s'accroît aussi beaucoup aux époques où quelque crise politique, financière, commerciale, industrielle ou autre s'est manifestée ; ce qui, tout d'abord, semble constituer un argument contraire à l'opinion que nous venons d'exprimer. Mais c'est qu'alors la circulation des capitaux s'étant restreinte, et les prix s'étant abaissés, l'excédant d'exportation révèle un état de souffrance, de malaise national qui ne peut être dans les conditions de vitalité d'un pays.

C'est surtout par ce motif que nous n'avons pas cru pouvoir admettre, d'une manière absolue, que l'excédant des exportations sur les importations dût être considéré comme étant, dans tous les cas, préférable au fait inverse. Beaucoup importer et beaucoup exporter, telle est, en résumé, avons-nous dit, la meilleure solution que l'on puisse donner au problème économique dont nous nous occupons. La raison en est qu'il doit en résulter un plus grand mouvement, sinon toujours un accroissement effectif du numéraire ; ce qui, nous le répétons, est profitable au plus grand nombre et à l'État lui-même.

Les faits commerciaux résumés dans le tableau ci-après nous paraissent de nature à confirmer nos assertions.

l'étranger ; c'est celle qui figure sur les tableaux officiels de commerce. En thèse générale, cette valeur doit s'augmenter, lorsque l'objet arrive à destination, du montant des frais de transport, de déchargement, de commission, etc. Mais dans l'hypothèse même où la valeur de la marchandise arrivée à destination ne serait pas supérieure à celle qu'elle avait au moment de son départ du lieu d'expédition, il en résulterait toujours une rentrée de fonds au moins égale à la valeur primitive.

Nous n'ignorons pas que les adversaires déclarés du système de la balance du commerce supposent le cas où les marchandises ainsi exportées éprouvent une dépréciation ou n'arrivent pas, pour une cause quelconque, à destination. Cette hypothèse leur paraît détruire en partie ce système, puisque, disent-ils, la valeur prise en compte au moment du départ n'existerait plus en réalité. A ce sujet, on s'est plu à citer deux exemples :

« Un négociant, dit M. Garnier (*Éléments d'économie politique*, 3ᵉ édit., 1856, p. 302 et 303), achète à Paris des soieries pour 500,000 fr., et les envoie à Rio de Janeiro où elles se vendent mal et ne produisent que 250,000 fr., avec lesquels son commissionnaire achète au Brésil des sucres qu'il lui expédie au Havre, où il les vend 300,000 fr. Le négociant a bien positivement perdu 200,000 fr.; mais, selon les partisans de la balance du commerce, la France les aurait gagnés. En faisant une supposition inverse, c'est-à-dire en supposant que les importations en sucres dépasseraient l'achat des soieries, le négociant pourrait bien gagner 200,000 fr., mais la France les perdrait !... »

« Selon la théorie de la balance du commerce, dit Bastiat, la France a un moyen fort simple de doubler à chaque instant ses capitaux. Il suffit, pour cela, qu'après les avoir fait passer par la douane, elle les jette à la mer. En ce cas, les exportations seront égales au montant de ses capitaux ; les importations seront nulles et même impossibles, et nous gagnerions tout ce que l'Océan aurait englouti. »

Ce n'est pas un raisonnement sérieux. Évidemment, lorsqu'on fait entrer en ligne de compte la valeur des marchandises exportées, c'est qu'on doit nécessairement en admettre l'arrivée à destination, et qu'en échange il est rapporté dans le pays expéditeur, soit en numéraire, soit en marchandises, une valeur au moins égale à celle des produits exportés.

TABLEAU *présentant : 1° le double mouvement d'importation et d'exportation (commerce spécial) de 1840 à 1849 et de 1850 à 1859, avec l'indication distincte de la valeur tant des céréales que des vins qui y sont compris, ainsi que celle du numéraire (valeurs officielles exprimées en millions.)*

ANNÉES	Importation					Exportation					DIFFÉRENCES POUR L'IMPORTATION SUR L'EXPORTATION			
	Céréales	Vins	Autres marchandises	Total	Numéraire	Céréales	Vins	Autres marchandises	Total	Numéraire	des marchandises proprement dites en plus	au moins	du numéraire en plus	en moins
1840	47.2	0.5	699.7	747.4	917.1	4.7	49.3	641.0	695.0	73.5	52.4	—	143.6	—
1841	3.6	0.7	800.3	804.6	186.9	16.8	51.6	689.3	760.7	72.9	43.9	—	114.0	—
1842	13.1	0.8	832.7	846.6	147.4	18.9	48.1	577.0	644.0	65.4	202.6	—	82.0	—
1843	42.3	0.8	802.5	845.6	168.6	5.6	47.8	633.9	687.3	104.1	158.3	—	64.5	—
1844	50.7	0.6	816.1	867.4	159.4	6.7	51.2	732.5	790.4	80.0	77.0	—	79.4	—
1845	15.5	0.6	840.1	856.2	167.8	13.2	54.3	780.4	848.1	87.6	8.1	—	80.2	—
1846	99.8	0.7	819.5	920.0	117.2	6.5	45.6	800.2	852.3	76.9	67.7	—	40.3	—
1847	209.0	0.6	766.3	975.9	160.2	4.5	55.4	831.2	891.1	118.8	84.8	—	41.4	—
1848	28.0	0.4	528.2	556.6	275.9	38.4	54.5	740.8	833.7	25.6	—	277.1	250.3	—
1849	0.1	0.4	779.3	779.8	306.3	55.7	55.7	909.8	1.031.2	52.5	—	252.4	253.8	—
TOTAUX.	509.3	6.1	7.684.7	8.200.1	1.906.8	171.0	527.7	7.336.1	8.034.8	757.3	405.3	—	1.149.5	—
1850	0.0	0.5	780.3	780.8	221.3	74.4	70.0	979.2	1.123.6	127.2	—	342.8	94.1	—
1851	2.2	0.5	778.6	781.3	297.9	95.7	79.6	1.063.2	1.238.5	432.7	—	457.2	165.2	—
1852	5.7	0.6	979.7	986.0	242.8	89.6	84.8	1.088.9	1.233.3	226.0	—	247.3	16.8	—
1853	96.5	0.7	1.006.3	1.103.5	433.2	29.9	76.2	1.257.1	1.363.2	264.0	—	259.7	169.2	—
1854	114.8	1.7	1.041.5	1.158.0	612.4	4.0	61.1	1.197.0	1.261.1	339.0	—	103.1	283.4	—
1855	75.7	4.1	1.286.1	1.365.9	507.1	2.4	54.9	1.384.4	1.441.7	484.3	—	75.8	22.8	—
1856	180.5	3.2	1.337.3	1.521.0	573.9	4.2	59.4	1.563.3	1.626.9	483.4	—	105.9	92.5	—
1857	88.2	15.8	1.346.4	1.450.1	667.0	6.9	55.1	1.578.2	1.640.2	581.0	—	190.1	86.0	—
1858	46.0	4.8	1.332.9	1.384.7	714.2	127.3	61.1	1.585.8	1.777.5	242.0	—	393.8	472.2	—
1859	36.7	5.8	1.361.5	1.404.0	937.3	130.0	94.8	1.773.2	1.998.0	570.0	—	597.0	367.3	—
TOTAUX.	646.3	37.7	11.350.3	11.934.3	5.209.1	554.4	699.3	13.450.3	14.704.0	3.439.6	—	2.772.7	1.769.5	—

L'examen de ce tableau révèle les faits suivants :

Pendant les années 1840 à 1848 exclusivement, le chiffre des importations de marchandises de toutes sortes a dépassé, dans une proportion considérable, celui des exportations de même nature (695 millions de francs). Les années 1842 et 1843 sont celles où ce résultat a été le plus prononcé. Or ces années ne sauraient être considérées comme réellement prospères, quoique les produits de nos récoltes aient alors été abondants. Les questions de politique extérieure, notamment celles qu'avaient fait surgir les affaires d'Orient, s'opposaient à ce que le mouvement commercial prît tout le développement désirable. L'incertitude pesait alors sur l'avenir, et l'on se maintenait, en quelque sorte, dans un état d'expectative.

Peu à peu, la confiance renaissant, le mouvement international reprit de l'activité. Les exportations des années 1844 et 1845, quoique encore inférieures aux importations, présentèrent néanmoins une augmentation progressive. Pendant les années 1846 et 1847, c'est uniquement à l'insuffisance de nos récoltes de céréales qu'est dû l'excédant des importations sur les exportations. A cette époque, en effet, la prospérité publique tendait à se développer de plus en plus.

Mais en 1848 et 1849, le contre-coup de la révolution qui éclata au commencement de la première de ces années, fit subir une baisse considérable aux prix de toutes choses à l'intérieur. Les importations s'étaient, par suite, renfermées dans des limites extrêmement restreintes. Les exportations prenant, au contraire, plutôt de l'accroissement, la balance pencha fortement en faveur de celles-ci.

On vit alors, par compensation, arriver de l'étranger d'importantes quantités de numéraire : pour ces deux années, entre autres, l'excédant des entrées sur les sorties dépasse 500 millions, chiffre presque égal à celui de l'excédant des exportations sur les importations des marchandises proprement dites.

En résumé, pendant la période décennale qui comprend les années 1840 à 1849, l'excédant des importations sur les exportations de marchandises ne s'est élevé qu'à 165 millions de francs, tandis que le numéraire importé a dépassé de 1 milliard 150 millions, à peu près, celui expédié à l'étranger.

Des faits analogues se sont produits pendant les deux années suivantes, 1850 et 1851, mais avec cette différence qu'un temps d'arrêt s'est manifesté dans la progression de l'excédant des entrées sur les sorties de numéraire. Il est vrai que le double mouvement commercial extérieur (importations et exportations) commença à prendre

2

des proportions jusqu'alors inconnues, vers la fin de la dernière de ces années. En 1852, un espoir de stabilité, fondé sur un grand fait de politique intérieure, venait de rendre au commerce cette confiance sans laquelle il ne peut exister. L'essor sans cesse progressant que prirent dès ce moment les affaires commerciales et industrielles, résista aux mauvaises récoltes de céréales qui signalèrent les années 1853 à 1857, et aux deux guerres de Crimée et d'Italie !

Aussi, pendant la période décennale de 1850 à 1859, les marchandises exotiques importées pour la consommation en France ont-elles eu une valeur de près de 12 milliards de francs, tandis qu'elles n'avaient présenté que le chiffre de 8 milliards pendant la période décennale précédente. Les exportations ont atteint celui de 14 milliards 700 millions, au lieu de 8 milliards 30 millions. En définitive, l'excédant des exportations sur les importations a été de 2 milliards près de 800 millions, de 1850 à 1859, alors qu'il y avait eu, au contraire, excédant des importations sur les exportations pendant la période décennale de 1840 à 1849.

D'un autre côté, les quantités de métaux précieux (numéraire), importées en excédant sur les quantités exportées, se sont élevées, à la fin de la dernière période décennale, à près de 1 milliard 800 millions, tandis que pendant la première elles n'avaient atteint que le chiffre de 1 milliard 150 millions. Il faut, de plus, remarquer qu'à cet égard le mouvement international a présenté une activité plus de trois fois supérieure, puisque pendant la période décennale terminée par l'année 1859, l'importation a embrassé 5 milliards 200 millions, et l'exportation 3 milliards 440 millions, au lieu de 1 milliard 900 millions, et 760 millions seulement, pendant la période précédente.

III

Parmi les moyens considérés comme les plus propres à accroître progressivement le développement du commerce et de l'industrie, figurent en première ligne, ainsi que nous l'avons déjà dit, les rapports internationaux. Les questions qui s'y rattachent sont, à nos yeux, d'une importance majeure. Non-seulement, en effet, elles touchent aux plus grands intérêts de l'État, mais encore la plupart

des autres questions s'y lient étroitement, et n'en sont quelquefois pour ainsi dire, que les corollaires. Celles qui ont trait à certains impôts de consommation appellent aussi une attention particulière ; car elles présentent souvent une connexité intime avec les dispositions concernant le commerce extérieur.

§ 1er. Avant tout, une distinction essentielle est à faire quant au double mouvement commercial avec l'étranger. Ce mouvement comprend, d'une part, ce qui est importé pour la consommation intérieure, et ce qui, provenant de notre sol ou de notre industrie, est exporté (c'est ce que l'on désigne sous le nom de *commerce spécial* dans les documents officiels); d'autre part, celles des marchandises étrangères qui n'entrent en France que pour être ensuite réexpédiées au dehors, soit dans le même état, soit après y avoir été épurées, travaillées, en un mot, soumises à un complément de main-d'œuvre. Ces dernières marchandises, ajoutées à celles du commerce spécial, constituent ce qu'on appelle le *commerce général*.

Au point de vue où nous nous plaçons, celui de nos industries, du mouvement de nos marchés et des intérêts du Trésor public, c'est principalement des faits du commerce spécial que nous devons nous occuper.

Les admissions temporaires, à charge de réexportation après main-d'œuvre, et qui font, en principe, partie du commerce général, rentrent cependant aussi, sous le rapport de cette main-d'œuvre, dans les faits du commerce spécial.

Mais les autres mouvements compris exclusivement dans le commerce général, c'est-à-dire le transit, les importations pour l'entrepôt et les réexportations pures et simples n'offrent guère que des avantages d'une tout autre nature, lesquels ont sans doute leur importance, mais à un moindre degré. Par exemple, ces mouvements donnent de l'activité à la navigation internationale, parfois aussi, au moyen des mutations d'entrepôt et des transbordements, à celle du cabotage ; ils alimentent une partie des transports à l'intérieur, et ils ouvrent ou entretiennent pour notre commerce d'utiles relations avec l'étranger. L'intérêt le plus saillant est ici celui de la navigation maritime, quoique ceux du Trésor et de presque toutes les industries qui se rattachent aux transports à l'intérieur ne soient pas non plus à négliger.

Le problème économique dont il y a lieu de chercher d'abord la solution est, à notre avis, celui-ci : *Multiplier le plus possible les productions*, *de telle sorte que tous puissent en profiter et jouir d'un accroissement progressif de bien-être.*

Dans ce but, si désirable à tous les points de vue s'il peut être atteint complétement, le gouvernement, d'après les ordres du chef de l'État, vient d'entrer dans une voie qui tend à l'abaissement, sinon à la suppression des barrières fiscales qui existent entre la France et l'étranger, ou qui lui paraissent s'opposer à ce que la consommation prenne tout le développement dont elle est susceptible.   •

§ 2. C'est ainsi que pour la plupart des marchandises qui font l'objet du commerce international, les droits de douane ont été ou vont être réduits dans une proportion considérable. Beaucoup de ces marchandises même n'ont ou n'auront bientôt plus à en supporter.

§ 3. A l'intérieur, la quotité de quelques impôts de consommation proprement dits a été sensiblement diminuée. Le droit sur le sucre, notamment, n'est plus que de 30 c. au lieu de 54 c. le kilogr. (1). D'autres impôts de même nature éprouveront aussi, sans doute, une diminution dans un avenir qui ne semble pas éloigné.

§ 4. Enfin, pour faire profiter autant que possible de ces dégrèvements les consommateurs de toutes classes, des mesures ont été prises pour réduire les frais de transport de certaines marchandises, tant sur les canaux et rivières que sur les chemins de fer.

En général, plus les produits destinés à l'usage direct des consommateurs sont abondants, plus le nombre de ceux-ci augmente, et, dès lors aussi, plus la prospérité publique, qui est alternativement cause et effet de la propagation du bien-être, tend à se développer (2).

Les différentes mesures adoptées par le gouvernement auront, on doit l'admettre, pour conséquence d'accroître le développement des

---

(1) Déjà, depuis 1849, le sel, on ne l'ignore pas, n'est plus soumis qu'à une taxe de 10 fr. par 100 kil., au lieu de celle de 30 fr. dont il était précédemment frappé.

. (2) Nous ne saurions trop le répéter : dans cette étude, nous nous occupons surtout de l'importance que donne à l'État le développement de la prospérité publique par l'extension de son commerce et de son industrie. La question du bon marché est totalement en dehors de celle-là. Quand nous employons le mot de *bien-être*, cette expression, ainsi que nous l'avons dit plus haut, ne s'applique qu'à ceux qui ont la faculté de se procurer les objets mêmes de cette consommation.

échanges internationaux, et peut-être d'amener l'abaissement momentané (1) de la valeur vénale des objets dégrevés.

Il serait à désirer que, par suite, les divers moyens de production s'élargissant, il y eût à répartir une plus grande somme de travail, ce qui élèverait le chiffre des *travailleurs*, en d'autres termes des *producteurs*, résultat qui, en tout état de cause, serait avantageux.

Quelques explications paraissent ici nécessaires. On sait que la *consommation* comprend non-seulement ce qui est mis immédiatement en usage pour l'alimentation ou de quelque autre manière (c'est ce que nous venons de désigner sous le nom de consommation directe), mais encore tout ce qui est acheté pour être revendu ou expédié à l'étranger, soit dans le même état, soit après transformation. Or, nous avons déjà établi que les transmutations commerciales de toute sorte, entre autres celles qui portent sur les marchandises de cette seconde catégorie, activent la circulation du numéraire, et que plus elles ont d'importance, plus celle-ci en acquiert aussi, même alors que la quantité effective de numéraire n'augmente pas. Par conséquent, ce mouvement commercial amène une élévation graduelle des prix.

L'extension donnée à la consommation n'est donc pas, dans tous les cas, une cause de bien-être, de bien-être général, au moins, pour les populations, quoiqu'elle soit un des principaux éléments constitutifs de la prospérité publique. Il en résulte, en effet, ainsi que nous avons déjà cherché à le démontrer, un exhaussement sensible des prix de vente, en d'autres termes, un fait préjudiciable à cette partie de la population, qui ne peut pas se créer des ressources pécuniaires progressives. Cela est si vrai, qu'il a été depuis longtemps constaté que les pays où le commerce est le plus développé, où la production et, par conséquent, la consommation sont le plus actives, sont les pays où la misère, tout en étant circonscrite, a le plus d'intensité. La raison en est simple : la valeur du numéraire s'y amoindrit, et le taux des salaires, quels qu'ils soient, ne s'y élève pas dans une proportion équivalente à cet amoindrissement.

En outre, la production des objets d'alimentation est limitée, et dans l'hypothèse même où les produits manufacturés diminueraient de valeur, les denrées deviendront d'autant plus chères que la quantité de numéraire sera plus grande ou que la circulation en

_____

(1) Nous disons momentané, parce qu'il ne fait pas doute pour nous que le roulement commercial et l'abaissement relatif continu de la valeur représentative du numéraire, ne ramènent bientôt les prix au point où ils sont aujourd'hui, ou plutôt où ils étaient peu avant la réforme des tarifs à leur égard.

sera plus active. Or, ce fait est la conséquence nécessaire du développement des transactions.

IV

§ 1. On a souvent présenté l'impôt comme une des causes principales de renchérissement. Cela serait vrai dans le cas où la quotité en aurait été sensiblement augmentée. Il se produirait certainement alors un surcroît de cherté, au moins proportionnel au chiffre de l'augmentation ; mais il n'en est pas ainsi lorsque l'impôt n'a pas été surélevé. Il peut sans doute rapporter davantage à l'État, mais par le seul motif que les transactions et les consommations sont plus importantes. Ce sont surtout les impositions indirectes qui, presque toujours, offrent ce résultat. L'impôt, quand la quotité n'en est pas augmentée, peut donc être et est très-certainement une cause de cherté, mais non de *renchérissement*.

§ 2. Nous avons indiqué les causes principales de ce renchérissement. Il en est d'autres cependant que nous ne devons pas passer sous silence. Parmi celles-ci, une surtout mérite d'être examinée, car elle est permanente : c'est l'augmentation progressive de la population. En effet, s'il en résulte un accroissement du nombre des producteurs, le chiffre des consommateurs s'élève aussi, et toujours dans une proportion plus grande. Dans l'un ou dans l'autre cas, soit par suite du développement qu'en reçoivent les transactions commerciales et les travaux de l'industrie, soit que la proportion entre la demande et l'offre s'établisse en faveur de la première, il doit y avoir renchérissement.

Nous avons tenu compte de cette cause dans notre appréciation des faits ; mais nous sommes convaincu que l'on se tromperait en lui attribuant trop d'importance.

Le tableau ci-après indique les chiffres proportionnels, d'une part, de l'augmentation de la population, de l'autre, de l'accroissement du commerce extérieur, et aussi du produit des principaux impôts de consommation. Il nous paraît de nature à déterminer le véritable degré d'influence qui doit être assigné à la cause de renchérissement dont nous venons de parler.

TABLEAU comparatif du développement du commerce spécial avec l'étranger, du produit des principaux impôts de consommation et de l'augmentation de la population (1).

ANNÉES	Montant des valeurs officielles du commerce spécial. Importations et exportations réunies.	Produit des impôts de consommation à l'intérieur (droits sur les boissons, les sucres indigènes, les sels, les tabacs.)	POPULATION	AUGMENTATION PROPORTIONNELLE 0/0		
				du commerce extérieur	des impôts de consommation	de population
	valeurs en millions	Fr.	Âmes			
1827	921	231.972.016	31.857.961	—	—	—
1832	1.012	192.931.735	32.561.463	10	—	2
1837	(2) 1.084	230 556.596	33.540.910	7	19 1/2	3
1842	1.491	276.674.880	34.494.875	37 1/2	20	2
1847	1.867	313.480.768	35.401.761	25	12 1/2	3 1/2
1852	2.257	307 547.712	35.781.628	21	—	1
1857	3.163	408.308.206	36.039.364	44	33	0 3/4

Ainsi, alors que d'une période quinquennale à l'autre, l'importance du commerce extérieur s'est accrue de 10,7, 37 1/2, 25, 21 et 41 pour 100, et que le produit des principaux impôts de consommation a également augmenté dans une proportion considérable : 19 1/2, 20, 12 1/2 et 33 pour 100, le développement de la population ne s'est élevé qu'à 2 pour 100 en 1832, à 3 en 1837, à 2 en 1842, à 3 1/2 en 1847, et est descendu à 1 pour 100 en 1852 et même au-dessous de cette proportion en 1857.

(1) L'induction à tirer de la progression des principaux impôts de consommation ne peut constituer qu'une base d'appréciation très-approximative, attendu que les termes comparaison sont ici essentiellement variables. C'est ainsi, par exemple, que la taxe sur les sucres indigènes, laquelle a produit, en 1857, 44 millions de francs, n'a été établie qu'au commencement de 1838, et n'a pas cessé de progresser depuis l'époque où elle a été appliquée. En sens inverse, l'impôt sur les boissons a été réduit considérablement en 1830, et la taxe des sels qui, au taux préexistant de 30 fr. les 100 kil., avait donné un revenu de 70 millions en 1847, a été abaissée des 2/3 à partir de 1849.

(2) Un régime nouveau a été établi en 1836 ; mais il n'a pris une réelle extension que plusieurs années après : c'est celui des importations *temporaires*. Il consiste à extraire de l'étranger des marchandises de diverses sortes pour être travaillées en France et être ensuite réexportées après perfectionnement ou transformation. Ce n'est qu'à partir de 1850 que ce double mouvement a acquis une véritable importance. Il n'est compris que dans les comptes du commerce général. Cependant, comme il constitue un précieux élément de travail, nous avons cru devoir ajouter le chiffre des valeurs qui s'y rapportent à celui du commerce spécial proprement dit.

L'augmentation de la population ne saurait donc être considérée que comme une cause très-secondaire de renchérissement.

La comparaison de ces chiffres révèle même un fait singulier : c'est que les périodes dans lesquelles l'augmentation proportionnelle de la population s'est le plus élevée, ne sont pas celles où la prospérité publique a pris le plus d'extension.

Nous ne voudrions pas en tirer des conséquences qui pussent paraître exagérées ; mais n'est-ce pas là un fait digne de remarque et qui est de nature à provoquer de sérieuses réflexions ? La difficulté de vivre, pour les classes pauvres principalement, n'entraînerait-elle pas un temps d'arrêt dans le développement progressif de la population ?

§ 3. Une autre opinion consiste à attribuer en partie aux dépenses faites par le gouvernement, ou du moins à l'affectation qu'elles reçoivent, l'augmentation de la valeur vénale des objets.

Il en serait effectivement ainsi si ces dépenses étaient absolument improductives ; si, par exemple, elles servaient à l'entretien d'une armée ou de fonctionnaires et employés inutiles ; s'il s'agissait, en un mot, de frais faits en pure perte. Dans ce cas, en effet, on aurait sans nécessité un grand nombre de consommateurs qui ne seraient pas producteurs, et la balance entre l'offre et la demande penchant en faveur de celle-ci, l'exhaussement des prix pourrait en résulter dans une certaine mesure.

Mais si le budget des recettes entretient de nombreux soldats, marins ou employés, il sert aussi, par une multitude de manières différentes, à faciliter les transactions de toutes sortes, en assurant l'ordre, la stabilité, la sécurité. Il permet à l'État d'amener ou de favoriser le développement des *diverses industries nationales;* et, par des encouragements directs donnés à notre commerce, de créer ou d'étendre sans cesse les relations de celui-ci avec l'étranger.

En agissant ainsi, l'État devient, *indirectement* au moins, *producteur;* mais il doit être surtout considéré comme *consommateur*, et dans une large proportion.

Il serait sans doute à désirer qu'il pût entrer davantage dans le rôle de *producteur.* Il s'agit là d'un intérêt général de premier ordre. Par exemple, si au lieu d'entretenir à grands frais une armée considérable, un grand nombre de fonctionnaires et d'employés de toutes classes, les sommes affectées à ces dépenses l'étaient en partie à d'autres usages ou plutôt tombaient en économie, il serait possible, soit de réduire la dette publique, soit de diminuer les impôts, et l'intérêt général en recueillerait un incontestable avantage.

L'amoindrissement des charges publiques faciliterait une production à meilleur marché, et le nombre des producteurs augmentant, il s'ensuivrait un accroissement correspondant de mises en consommation. La balance penchant, cette fois, du côté de l'offre, les conditions dans lesquelles se trouvent les acheteurs deviendraient plus favorables.

Sans doute, il faut admettre que la suppression ou la réduction des droits de douane d'une part, de l'autre l'allégement des charges fiscales qui pèsent sur la production et sur les transactions à l'intérieur, doivent être suivis d'un développement commercial d'autant plus prononcé que ces mesures auront été plus radicales.

Mais ce mouvement commercial n'est pas le seul que l'on doive poursuivre ; car il ne sera vraiment fécond qu'autant qu'il s'opérera sans détriment pour nos industries en général ; s'il amenait, par exemple, un excédant permanent des importations sur les exportations, il deviendrait pour le pays une cause d'affaiblissement continu. Un tel résultat serait, en effet, la preuve de l'impuissance de notre industrie à lutter contre la concurrence étrangère. Pour que la prospérité publique s'établisse sur des bases solides, il faut que le mouvement soit à la fois commercial et industriel ; il faut même, nous avons cherché à le démontrer plus haut, que le chiffre de l'exportation égale au moins celui de l'importation.

En outre, en ce qui concerne les mesures relatives aux droits de douane, il faut remarquer qu'elles ne peuvent pas toujours être adoptées sans inconvénient pour d'autres intérêts de l'État, et que ces intérêts ainsi sacrifiés provisoirement, sont d'une grande importance.

V

Il en est un, notamment, sur lequel on ne saurait trop fixer l'attention : c'est celui de la navigation.

§ 1. Jusque dans ces derniers temps, et surtout en remontant dans le passé, une *surtaxe* relativement considérable grevait les marchandises exotiques, lorsqu'elles étaient apportées en France par navires étrangers. Cette surtaxe dite de *pavillon*, existe toujours à l'égard d'un certain nombre de marchandises, et pour les pays avec lesquels des traités n'ont pas été conclus ou ne contiennent pas de stipulations contraires.

On comprend qu'à raison de l'aggravation des charges qui, dans ce cas, pèsent sur les marchandises dont le transport n'a pas lieu par navires français, la concurrence devient à peu près impossible. Si donc notre navigation profite d'un tel état de choses, notre commerce et notre industrie en souffrent jusqu'à un certain point, et les intérêts de la consommation en général en éprouvent à leur tour quelque préjudice.

§ 2. Une autre surtaxe, établie pareillement en vue de favoriser notre navigation, et qui naguère encore était assez élevée sur la presque généralité des marchandises, c'est la surtaxe de *provenance*. Celle-ci est complexe : elle comprend l'importation directe et l'importation indirecte.

La surtaxe de provenance *directe* porte principalement sur les marchandises étrangères qui ont leurs similaires dans nos colonies (1). Elle a presque toujours été graduée en raison inverse de l'éloignement des pays de production (lorsque, d'ailleurs, il n'existait pas de traité de commerce avec ces pays).

La surtaxe de provenance *indirecte* atteint les marchandises classées d'après nos tarifs comme *extraites des entrepôts*. Cette catégorie comprend tous ceux des produits du crû des pays situés *hors d'Europe* qui sont d'abord apportés, le plus ordinairement sinon toujours, sous pavillon étranger, dans un pays *d'Europe* d'où, plus tard, ils arrivent en France.

Ainsi, dans beaucoup de cas, les marchandises étrangères avaient et ont encore à supporter deux surtaxes : celle de pavillon et celle de provenance.

Nous le répétons. A l'époque où les chiffres de ces surtaxes étaient élevés, les produits étrangers pouvaient difficilement concourir à l'alimentation de nos marchés. En fait, il n'en était autrement, lorsque la concurrence était possible ou que les similaires de ces produits n'existaient pas plus aux colonies qu'en France, à peu près que dans les seuls cas où le transport direct en avait eu lieu par navires français.

---

(1) On sait que les transports commerciaux entre la métropole et les colonies ne peuvent s'effectuer que sous pavillon national,

Mais cet état de choses a été profondément modifié, d'abord par les traités de commerce et de navigation conclus avec des puissances étrangères, notamment en 1822 avec les États-Unis d'Amérique, et en 1826 avec l'Angleterre; ensuite par les nouvelles tarifications qui résultent entre autres des lois du 5 et du 23 mai 1860, des conventions spéciales avec l'Angleterre intervenues en exécution du traité du 23 janvier de la même année, et du décret du 5 janvier 1861 en ce qui concerne les principales denrées coloniales et la majeure partie des matières premières nécessaires à l'industrie.

Ces traités ou conventions ont, en général, pour effet de supprimer la surtaxe de *pavillon* sur les provenances *directes* des pays avec lesquels ils ont été conclus; d'assimiler, en un mot, leurs navires aux navires français pour le paiement de tous droits à l'entrée dans nos ports. Par suite, il y arrive nécessairement un plus grand nombre de navires portant le pavillon de ces pays, et surtout des quantités beaucoup plus considérables de marchandises en provenant. Le nombre des navires français faisant l'intercourse peut, sans doute, augmenter aussi; mais c'est ordinairement dans une proportion moindre, et, en définitive, la plus grande partie des transports profite à la navigation étrangère.

Des résultats analogues se produiront, sans aucun doute, encore par suite de la nouvelle voie dans laquelle on vient d'entrer.

Il est évident, en effet, qu'en supprimant, par exemple, les droits d'entrée sur les matières premières nécessaires à l'industrie, notamment sur les laines ; en réduisant considérablement ceux dont les sucres, les cafés et les cacaos étaient grevés, l'intention du législateur a été de surexciter le développement de la consommation. Il a voulu ainsi favoriser l'industrie et accroître le bien-être des populations.

Mais il a dû en même temps chercher à sauvegarder les intérêts du Trésor, en obtenant d'un impôt de quotité inférieure, sinon immédiatement, du moins dans un temps donné, un rendement égal ou à peu près à celui que produisait la taxe préexistante.

Or, dans cet ordre d'idées, toute surtaxe trop élevée soit de pavillon, soit de provenance, qui eût frappé les objets dont il s'agissait de développer la consommation, se fut opposée à ce que l'on atteignît ce but. Aussi la nouvelle législation a-t-elle renfermé dans des limites beaucoup plus étroites que celles antérieurement posées, les taxes différentielles à supporter par ces objets dans l'un ou dans l'autre des cas ainsi prévus.

Mais cette mesure, qui doit être avantageuse au commerce et à l'industrie d'abord, au consommateur ensuite, sans porter cependant aux intérêts du Trésor un préjudice trop sensible, atteindra, par contre, dans une de ses parties vives, la navigation nationale. Nul doute ne semble devoir subsister à cet égard.

En semblable circonstance, deux systèmes opposés sont presque toujours en présence.

L'un consiste à protéger sans cesse notre marine marchande, dont le personnel appartient ou doit toujours appartenir à l'inscription maritime; mais les tarifications, à l'aide desquelles on obtient ce résultat, nuisent souvent, d'une manière ou de l'autre, au développement commercial et à beaucoup d'industries. C'est ce système qui, à peu d'exceptions près, a constamment été appliqué en France jusque dans ces derniers temps.

L'autre système tend, au contraire, à sacrifier en partie les intérêts maritimes pour venir surtout en aide à ceux du commerce et de l'industrie : la liberté des échanges en forme la base. C'est ce dernier qui commence à être mis à exécution, et que l'on semble vouloir appliquer de plus en plus.

S'il en est effectivement ainsi, notre navigation, il est facile de le prévoir, perdra de son importance, relativement au moins. Peut-être même sur quelques lignes sera-t-elle à peu près annihilée. Mais il faut espérer qu'en compensation, le développement commercial prenant une extension de plus en plus grande, des relations directes s'établiront avec les pays de production, ce qui n'a lieu qu'exceptionnellement aujourd'hui. Il en résulterait par suite une résurrection de notre pavillon sur les lignes même où il aurait temporairement disparu.

Résumons-nous.

Des causes principales qui amènent la prospérité publique, il en est deux surtout qui, selon nous, doivent être placées en première ligne.

Ce sont :

1° le développement du commerce et de l'industrie, c'est-à-dire de la production et de la consommation.

2° L'augmentation du numéraire circulant.

La prospérité devient cause à son tour et elle produit les effets suivants :

1º Accroissement de l'importance de l'État par la richesse publique qu'elle augmente.

2º Extension progressive de bien-être pour la majeure partie des populations.

Mais l'augmentation et la circulation plus active du numéraire, résultat de la multiplicité des transactions, ont aussi pour conséquence *certaine, inévitable*, l'élévation du prix des objet même de première nécessité, et rendent dès lors *impossible* la vie à bon marché. Cette conséquence est préjudiciable à tous ceux qui ne peuvent prendre part au mouvement commercial et industriel. Il faut donc chercher les moyens de la leur rendre moins onéreuse.

Ici, nous le répétons, nous ne pouvons que nous en remettre à la sage prévoyance dont témoignent les paroles que nous avons prises pour épigraphe.

Note de l'auteur. — Cette brochure était sous presse au moment où l'honorable M. Delamarre, faisait retentir au sein du Corps-Législatif de chaleureuses paroles en faveur des classes déshéritées de la fortune, entre autres celle des employés.

FIN